Historia Gráfica en español

LA BATALLA DEL ÁLAMO

por Matt Doeden

ilustrado por Charles Barnett III
y Phil Miller

Consultora:
Sally Koch
Coordinadora Adjunta de Programas Educativos
El Álamo, San Antonio, Texas

Capstone
press

Mankato, Minnesota

Graphic Library is published by Capstone Press,
151 Good Counsel Drive, P.O. Box 669, Mankato, Minnesota 56002.
www.capstonepress.com

1 2 3 4 5 6 11 10 09 08 07 06

Library of Congress Cataloging-in-Publication Data
Doeden, Matt.
    [Battle of the Alamo. Spanish]
    La batalla del Alamo/por Matt Doeden; ilustrado por Charles Barnett III y Phil Miller.
    p. cm.—(Graphic library. Historia gráfica en español)
    Includes bibliographical references and index.
    ISBN 0-7368-6056-8 (lib. bdg.)
    1. Alamo (San Antonio, Tex.)—Siege, 1836—Juvenile literature. I. Barnett, Charles, III,
ill. II. Miller, Phil, ill. III. Title. IV. Series.
F390.D6418 2006
976.4'03—dc22
                                                2005054202

Summary: The story of the 1836 Battle of the Alamo is told in a graphic-novel format.

Editor's note: Direct quotations from primary sources are indicated by a yellow background.

Direct quotations appear on the following pages:
Page 5, from *The Fall of the Alamo*, the personal account of Dr. John Sutherland taken from
  Texas A&M Digital Library (http://dl.tamu.edu/Projects/sodct/sthland1.htm).
Page 8, letter of William Travis dated February 24, 1836, taken from Texas State Library and
  Archives Commission (http://www.tsl.state.tx.us/treasures/republic/alamo/travis-about.html).
Page 13, letter of William Travis to David Ayers dated March 3, 1836, provided by Sally Koch,
  Assistant Coordinator of Educational Programs at the Alamo in San Antonio, Texas.
Page 14, Translation of Santa Anna's formal written orders to troops dated March 5, 1836, from
  Texas A&M Digital Library (http://dl.tamu.edu/Projects/sodct/dewitt.htm).
Page 17, Account of Travis' slave, Joe, taken from *Duel of Eagles: The Mexican and U.S. fight for
the Alamo* by Jeff Long (New York: Morrow, 1990).
Page 27, Sam Houston's speech taken from *Eighteen Minutes: The Battle of San Jacinto and the
Texas Independence Campaign* by Stephen L. Moore (Dallas: Republic of Texas Press, 2004).

Credits

Art Directors
Jason Knudson
Heather Kindseth

Storyboard Artist
Keith Wilson

Editor
Heather Adamson

Colorist
Brent Schoonover

Spanish Translator
Jessica S. Lilley

Spanish Editor
Elizabeth Millán

Acknowledgments

Capstone Press thanks Philip Charles
Crawford, Library Director, Essex High
School, Essex, Vermont, and columnist for
Knowledge Quest, for his assistance in the
preparation of this book.

Special thanks to Charles Barnett III and
Phil Miller at Cavalier Graphics.

ÍNDICE

CAPÍTULO 1

RENDIRSE ó MORIR

Al principio de la década de 1830, Texas era parte de México. El gobierno mexicano había invitado a anglo-americanos del este a colonizar Texas. Muchos anglo-americanos se hicieron tejanos y construyeron casas y ranchos. De todos modos, los tejanos no tenían influencia sobre las leyes mexicanas que los gobernaban. Los tejanos querían formar su propio país. El presidente mexicano, el General Antonio López de Santa Anna, quería eliminar las ideas de libertad en Texas.

Poco después, la Revolución Tejana empezó. Los tejanos en San Antonio derrotaron el ejército mexicano a finales de 1835. Los tejanos se apoderaron de una vieja misión de la iglesia, llamada el Álamo. El 23 de febrero de 1836, Santa Anna regresó para tomarlo de nuevo.

El coronel William Travis tenía el mando de las tropas del ejército en el Álamo. Observó desde la muralla del suroeste con Davy Crockett, quien era un hombre de la frontera. Crockett había llegado desde Tennessee con doce hombres. Esperaban encontrar tierra en donde establecerse. En cambio, encontraron una lucha.

Mírenlos. Han de tener diez veces más hombres que nosotros.

Puede ser, Travis, pero siempre preferiría a un solo tejano a diez soldados mexicanos.

Si me designas una posición, mis doce muchachos y yo intentaremos defenderla.

Vamos a decirle al coronel Bowie que vienen los mexicanos.

Travis compartía el mando del Álamo con el coronel Jim Bowie. Bowie mandaba a un grupo de soldados voluntarios quienes querían que Texas fuera libre de México.

Dentro del Álamo, el día 24 de febrero, Bowie estaba enfermo con una fiebre mortal. Aun así, volvió a formar a los voluntarios desde su cama.

Sigan al coronel Travis, soldados.

Luchen duro por la libertad.

No podemos hacer esto solos.

Travis sabía que las fuerzas del Álamo estaban superadas en número. Mandó cartas a la gente de Texas y a los estadounidenses suplicando ayuda.

Estoy rodeado por más de mil mexicanos... Les ruego en el nombre de la libertad que vengan a auxiliarnos. Si ignoran esta llamada, estoy decidido a mantenerme por todo el tiempo posible.

Libertad o muerte

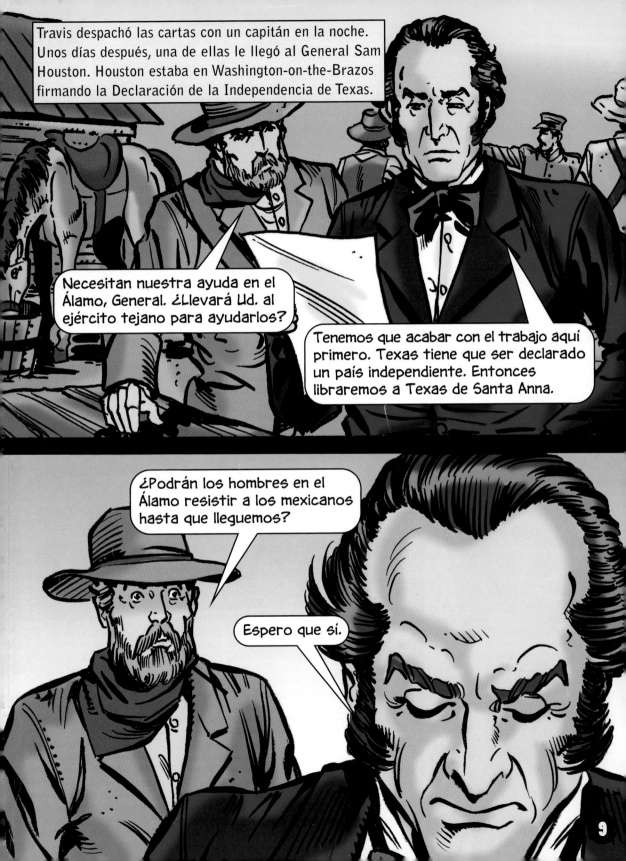

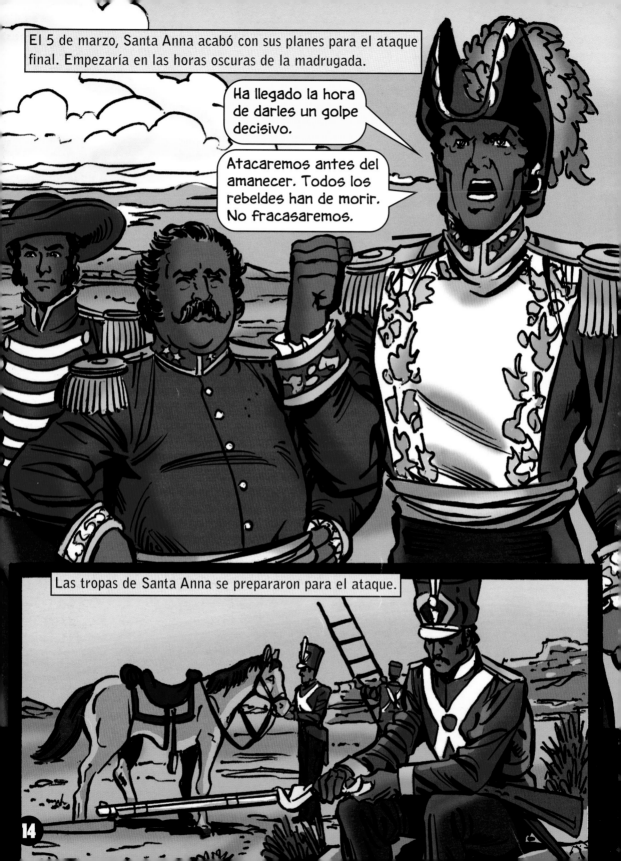

Los defensores del Álamo mataron a muchos soldados mexicanos, pero no fue suficiente. Los hombres de Santa Anna llegaron a la muralla del norte y usaron escaleras para treparse por encima. Muy pronto, los mexicanos subieron las murallas del este y del oeste también.

Crockett y sus hombres todavía estaban defendiendo la muralla del sur cuando escucharon la batalla muy cerca detrás de ellos.

Tomaron la muralla del norte. Están adentro.

¡Al cuartel! Haremos nuestra última lucha allí. ¡No nos rendiremos, muchachos!

Los defensores del Álamo continuaron su lucha desde los edificios dentro de las murallas.

Los tejanos se habían retirado en un pánico. Se les olvidó desarmar sus cañones. El ejército mexicano volteó un cañón y lo apuntó hacia el cuartel.

Los tejanos perdieron la Batalla del Álamo.

PUM

Santa Anna no mostró clemencia. Dejaron ir a algunas mujeres y niños. Un esclavo se escapó. Al amanecer, todos los otros defensores estaban muertos.

¡Disparen! No dejen a ningún hombre de pie.

Quemen los cuerpos de los tejanos. Dejen que todos vean cómo México trata a los rebeldes.

La victoria de Santa Anna no duró mucho tiempo. Su trato de los defensores del Álamo hizo que la población de Texas luchara más fuerte por su independencia.

Alrededor de un mes y medio después de la caída del Álamo, el ejército tejano se estaba preparando para luchar contra Santa Anna y sus hombres cerca del río de San Jacinto. El General Houston dijo el nuevo grito de batalla de Texas.

¡ACUÉRDENSE DEL ÁLAMO!

Dos días después del discurso de Houston, los tejanos derrotaron al ejército mexicano en la Batalla de San Jacinto. La batalla duró 18 minutos. Mataron a más de 600 soldados mexicanos. Los tejanos perdieron a sólo nueve hombres.

MÁS SOBRE EL ÁLAMO

★ Nadie sabe exactamente cuántas personas murieron en la Batalla del Álamo. Santa Anna dijo que 600 hombres defendieron el Álamo, pero la mayoría de las personas creen que el número fue menos de 200. Algunos creen que 500 mexicanos o más murieron, pero otros dicen que el número fue mucho más bajo.

★ No todos los defensores del Álamo fueron anglo-americanos. Algunos de los defensores del Álamo eran hispanos. Estos hispanos se habían establecido en Texas.

★ Muchos de los defensores del Álamo no eran soldados profesionales. Eran voluntarios que decidieron ayudar a defender Texas. Estos hombres firmaron un contrato cuando se hicieron voluntarios. El contrato aseguraba que no abandonaran su puesto y que no se fueran.

★ Santa Anna se escapó de la Batalla de San Jacinto vestido como soldado en vez de general. Fue capturado al día siguiente.

★ El Álamo fue construido en el año 1718 como una misión para indígenas americanos que se habían convertido en cristianos. Más de 80 años después, se convirtió en un fuerte militar.

★ Davy Crockett tocaba el violín. La leyenda dice que tocaba su violín en el Álamo para animar a los hombres antes de la batalla. Hoy el Museo Witte en San Antonio tiene uno de los violines de Crockett en exposición.

★ Jim Bowie era un hombre de frontera de Luisiana. Era famoso por el cuchillo grande que cargaba y usaba en las batallas. Los cuchillos Bowie llevan su nombre.

★ William Travis tenía sólo 26 años cuando murió defendiendo el Álamo.

★ Texas obtuvo su independencia poco después de la Batalla del Álamo. Se convirtió en un país independiente, con Sam Houston como presidente. En 1845, Texas se convirtió en el estado número 28 de los Estados Unidos.

GLOSARIO

anglo-americano—un poblador blanco de un estado o territorio de los Estados Unidos

cuartel—la parte del fuerte donde duermen los soldados

despiadado—cruel y sin preocupación por los demás

fuerte—un edificio que tiene defensas fuertes contra el ataque

leyenda—una historia mantenida de tiempos pasados

rendirse—entregarse o admitir la derrota

sitio—un ataque diseñado para rodear un lugar y no dejar que le llegue ayuda o provisiones

voluntario—alguien que no es soldado profesional, pero que se ofrece a luchar con un ejército; el Coronel Jim Bowie mandó a los voluntarios asignados al Álamo hasta que se enfermó; Crockett y sus 12 hombres eran voluntarios de Tennessee.

SITIOS DE INTERNET

FactHound proporciona una manera divertida y segura de encontrar sitios de Internet relacionados con este libro. Nuestro personal ha investigado todos los sitios de FactHound. Es posible que los sitios no estén en español.

Se hace así:

1. Visita *www.facthound.com*
2. Introduce este código especial **0736838325** para ver sitios apropiados según tu edad, o usa una palabra relacionada con este libro para hacer una búsqueda general.
3. Haz clic en el botón **Fetch It**.

¡FactHound te busca los mejores sitios!

LEER MÁS

Bankston, John. *Antonio López de Santa Anna*. Latinos in American History. Bear, Del.: Mitchell Lane Publishers, 2004.

Burgan, Michael. *The Alamo*. We the People. Minneapolis: Compass Point Books, 2001.

Gaines, Ann. *The Alamo: The Fight over Texas.* Proud Heritage. Chanhassen, Minn.: Child's World, 2003.

Winders, Richard Bruce. *Davy Crockett.* The Legend of the Wild Frontier. New York: Power Plus Books, 2003.

BIBLIOGRAFÍA

The Alamo in San Antonio, Texas. http://www.thealamo.org.

Daughters of the Republic of Texas Library. http://www.drtl.org.

Davis, William C. *Three Roads to the Alamo: The Lives and Fortunes of David Crockett, James Bowie, and William Barret Travis.* New York: HarperCollins, 1998.

Hardin, Stephen L. *Texan Iliad*. Austin, TX: University of Texas Press, 1994.

Long, Jeff. *Duel of Eagles: The Mexican and U.S. Fight for the Alamo.* New York: Morrow, 1990.

Murphy, Jim. *Inside the Alamo.* New York: Delacorte Press, 2003.

Texas A&M Digital Library. http://dl.tamu.edu/projects.html.

Texas State Library and Archives Commission. http://www.tsl.state.tx.us/treasures/republic/alamo-01.html.

ÍNDICE TEMÁTICO